CINZIA RANDAZZO

GLI ASPETTI EURISTICI DELLA FUNZIONE E DELL'IDENTITÀ DEL PNEUMA NEI PADRI DELLA CHIESA (I-IV SEC. D.C.)

Titolo | Gli aspetti euristici della funzione e dell'identità del pneuma nei padri della chiesa (i-iv sec. d.c.)

Autore | Cinzia Randazzo

ISBN | 978-88-91188-38-0

Youcanprint Self-Publishing
Via Roma, 73 – 73039 Tricase (LE) – Italy
www.youcanprint.it
info@youcanprint.it
Facebook: facebook.com/youcanprint.it
Twitter: twitter.com/youcanprintit.

*Ai miei genitori, a Paolo
e a Manlio*

PREFAZIONE

This texts explores a topic, which remains understudied and yet it is of extreme importance and actuality - how the early Fathers saw the identity of the Holy Spirit. It concurs with the modern interest in Pneumatology, which for a long period remained in the shadow of the Trinitarian and Christological doctrines. The study proves the insight of the modern scholarship that the early Christianity before its coming under the umbrella of the Roman Empire enjoyed more diversity in its life and doctrine than afterwards. The early Fathers' views on the role of the Spirit in the life of God and of the world were not an exception from this rule. The study is highly informative and presents its subject in a systematic and yet entertaining way. It is a comprehensive introduction to the early Christian Pneumatology for everyone who wants to know more about it.

Kiev, 8-4-2015

Cyril HOVORUN
Teacher and researcher
in the seminary of theology

In this work, Cinzia Randazzo investigates the function and the identity of the Holy Spirit in the Church Fathers between the first and fourth centuries of our era. The Apostolic Fathers remained close to the figure of the Holy Spirit as it appears in the New and the Old Testament. The Apologists broadened the perspective by enquiring into the relations of the Holy Spirit with the

Father and the Son, and by making it the source of prophetic inspiration. With Irenaeus, Origen, Tertullian, and Cyprian, the fight against heresies concerning its place and role within the Trinity became dominant; we find this tendency in the Cappadocian Fathers. In Clement of Alexandria, the importance of the Holy Spirit takes on increased importance, thanks to numerous borrowings from various philosophical tendencies.

Here is a striking example. What distinguishes the Christian doctrine of the Holy Spirit from Plato's is the divine breath received on the occasion of creation, which makes intellect (*nous*) enter man's very constitution. Its coming is greeted as a divine favor (*theía moíra*):

Hence the Pythagoreans say that intellect (*noûs*) comes to man by <u>divine dispensation</u> (*theíai moírai*), as <u>Plato</u> and Aristotle avow; but we assert that the <u>Holy Spirit</u> (*ágion pneûma*) inspires him who has <u>believed</u>. The Platonists hold that intellect is an effluence of divine dispensation in the <u>soul</u> (*noûn en psukhêi theías moíras apórroian hupárkhonta*), and they place the <u>soul</u> in the body. For it is expressly said by Joel, one of the twelve <u>prophets</u>: «And it shall come to pass after these things, I will pour out of My Spirit on all flesh, and your sons and your daughters shall prophesy.» (Joel 3, 1) But it is not as a portion of <u>God</u> (*méros theoû*) that the Spirit (*pneûma*) is in each of us. But how this dispensation takes place, and what the <u>Holy Spirit</u> is, shall be shown by us in the books on <u>prophecy</u>, and in those on the <u>soul</u>. But incredulity is <u>good</u> at concealing the depths of <u>knowledge</u>, according to Heraclitus; for incredulity escapes from <u>ignorance</u>. (*Stromata* V 88, 1-2.)

A comparison with *Stromata* VI 134, 2 shows that *Genesis* 2, 7 applies to the intellect that comes to man by divi ne favor (= 8th element of the decad) and that the Spirit of *Joël* 3, 1 (V 88, 3), corresponds to "the Holy Spirit breathed into he who has faith" (V 88, 2), that is, to the 10th element of the decade of VI, 134, 2: "the characteristic property of the Holy Spirit, which is added by virtue of faith". This presence, added to the human compound, is reserved for prophets and those who receive baptism, as is shown by the symbolic explanation given in *Stromata* IV, 116, 2 (cf. *Prophetic eclogues*, 13, 9, among others).

A comparison with *Stromata* VI 134, 2 shows that *Genesis* 2, 7 applies to the intellect that comes to man by divine favor (= 8th element of the decad), and that the Spirit of *Joël* 3, 1 (V 88, 3) corresponds to "the Holy Spirit breathed into he who has faith" (V 88, 2), that is, to the 10th element of the decade of *Stromata* VI, 134, 2: "the characteristic property of the Holy Spirit, which is added by virtue of faith". This presence, added to the human compound, is reserved for prophets and those who receive baptism, as is shown by the symbolic explanation given in *Stromata* IV, 116, 2.

It should be noted, moreover, that the image of an outpouring (*apórroia*) to designate the intellect (*nous*) is also present in Middle Platonism. One should also note that in Clement's time, Pythagoreanism and Platonism went hand-in-hand; this is why a similar doctrine is attributed to the Pythagoreans. For Aristotle, one might think of the *Nicomachean Ethics*. The last sentence of the citation is probably directed against the Stoics. Indeed, at the foundation of Stoic cosmology one finds the following two principles. One can only undergo effects: this is matter, bereft of all determination, all motion and all initiative. The other has the ability to act and brings form, quality, and motion to matter in inanimate objects, plants, animals and men. This second principle is "reason" (*lógos*) which is a fiery breath, the omnipresent *pneûma*.

Paris, 8-4-2015 Luca BRISSON
CNRS -Paris

INTRODUZIONE

Il presente studio si prefigge di delineare, per sommi capi, i tratti più significativi della teologia pneumatologica nei Padri. Per arrivare a tal fine, in un primo momento, si cercherà di estrarre dalle fonti le affermazioni relative alla pneumatologia nei Padri, mentre, in un secondo momento, per chiarire il pensiero dei Padri riguardo al tema proposto, ci si avvarrà, se possibile, di recenti commentari e monografie. Conseguentemente gli autori cristiani verranno citati dalle più recenti e attendibili edizioni, indicate ai relativi riferimenti.

Questa ricerca però verrà condotta nell'ambito di un periodo storico ben preciso: si tratta dell'arco di tempo che va dal I secolo d.C. al IV secolo d.C., periodo che si estende dall'epoca dei Padri apostolici fino ai padri cappadoci compresi. La nostra ricerca, limitatamente a tale periodo di tempo, si suddivide in cinque paragrafi.

In un primo paragrafo si cercherà di mettere in rilievo i connotati basilari della teologia pneumatologica nei Padri apostolici. Successivamente in un secondo paragrafo evidenzieremo le caratteristiche essenziali dello pneuma nei padri apologisti, mettendo in rilievo la continuità o la diversità con i Padri apostolici.

In seguito in un terzo paragrafo verranno messe in luce, nell'ambito della polemica antieretica, le proprietà fondamentali dello Spirito.

Nel IV paragrafo si cercherà di presentare un compendio organico delle riflessioni che, soprattutto Clemente alessandrino ed Origene ad Alessandria e

Tertulliano e Cipriano a Cartagine, hanno espresso sulla realtà divina dello Spirito.

Infine nel quinto e ultimo paragrafo emergeranno dal pensiero dei Padri Cappadoci i capisaldi fondamentali della dottrina pneumatologica.

Dall'insieme di questo lavoro si potranno mettere in luce le convergenze o le divergenze di idee pneumatologiche tra un padre a un altro e soprattutto gli sviluppi dottrinali che ne conseguono. A proposito dello sviluppo dogmatico della categoria pneumatologica, che è oggetto del nostro lavoro, e, tenendo presenti le parole della Dei Verbum 8, secondo la quale lo Spirito Santo guida i fedeli a una conoscenza più approfondita del dato rivelato, è opportuno sottolineare che in una prospettiva futura potranno essere ulteriormente precisate e approfondite le formule pneumatologiche che i Padri hanno adoperato nell'arco dei primi quattro secoli.

Sulla base di tali considerazioni pertanto ci auguriamo che questa ricerca sia l'occasione opportuna per pervenire a una più profonda e adeguata conoscenza del pensiero dei Padri della Chiesa sulla terza persona della trinità, consapevole tuttavia che nel pensiero dei padri sono racchiuse inesauribili ricchezze di ordine pneumatologico, che non sono state ancora del tutto messe in luce.

INDICE

1.1. *Gli aspetti euristici della funzione e dell'identità del pneuma nei Padri Apostolici*

1.1. La preesistenza dello Spirito

Prima di addentrarci in questa ricerca, riteniamo opportuno ricordare che per Padri Apostolici si intendono i Padri vissuti nell'arco di tempo che va dalla fine del I secolo fino alla prima metà del II secolo d.C.; periodo in cui si è manifestata un'abbondante produzione letteraria, nella quale è messa in rilievo la vita di fede delle prime comunità che credevano in Dio, in Gesù Cristo e nello Spirito Santo e quindi una prima e semplice organizzazione del dato rivelato. A tal proposito scrive infatti J.P. MARTIN:

> Quando i primi cristiani dicevano di credere nello Spirito Santo, l'oggetto di questa fede non era che Dio ha lo Spirito, neanche che lo Spirito è Dio, perché le tautologie non sono mai oggetto di fede. Si affermava invece un fatto storico, cioè la fede nella manifestazione di Dio nella comunità dei cristiani.[1]

Sorge spontanea a questo punto la domanda: cosa affermano i Padri Apostolici sul dato rivelato dello Spirito Santo? Questo è l'oggetto della nostra ricerca.

Innanzitutto Erma, che è un Padre Apostolico della

---

[1] J.P. MARTIN, *Il rapporto tra Pneuma ed Ecclesia nella letteratura dei primi secoli cristiani,* in "Augustinianum" 20 (1980), p. 483. Per il periodo storico dei Padri Apologisti cfr. C. BOSIO-E. DAL COVOLO-M. MARITANO, *Introduzione ai Padri della chiesa, sec. I-II,* vol. I, Torino 1990; C. MORESCHINI-E. NORELLI, *Storia della letteratura cristiana antica greca e latina*, vol. I, Morcelliana, Brescia 1996; J. QUASTEN, *Patrologia,* vol. I, Casale 1983.

prima metà del II secolo, ci dice, nel *Pastore*, che lo Spirito Santo preesisteva ed era anche creatore: "*Dio fece abitare nella carne che volle lo Spirito Santo che preesisteva e che fece ogni creatura*".[2] Erma si richiama a Giovanni, secondo il quale appunto lo Spirito Santo è esistito prima di tutte le cose perché proviene dall'alto (Gv 3,3-9.15,26). Lo Spirito in Erma ha pure una connotazione cristologica, perché viene denominato anche figlio di Dio: "*Lo Spirito è il figlio di Dio*".[3] Poiché Erma precedentemente aveva affermato che "*lo Spirito è il Figlio di Dio*", per Erma lo Spirito santo viene a coincidere con il Figlio di Dio, preesistente insieme al Padre.

1.1.1. La funzione pneumatologica nell'A.T.: lo Spirito Santo fonte di ispirazione profetica

Lo Spirito Santo preesistente ha voluto rendere noto in anticipo il piano divino della salvezza, ispirando non solo i profeti ma anche gli altri libri dell'A.T. Clemente Romano infatti afferma che, tramite il profeta Ezechiele, lo Spirito Santo ha parlato del pentimento:

I ministri della grazia di Dio parlarono del pentimento per mezzo dello Spirito Santo.

---

2 ERMA, *Pastore. Similitudini* V,6,5. Ed. crit. F. XAVER FUNK-K. BIHLMEYER-M. WHITTAKER, *Die Apostolischen Väter. Griechisch-deutsche Parallelausgabe,* Tübingen 1992, p. 446. Trad. di A. QUACQUARELLI, *I Padri Apostolici*, Roma 1998, p. 300.

3 ERMA, *Pastore. Similitudini* IX,1,1. Ed. crit. F. XAVER FUNK-K. BIHLMEYER-M. WHITTAKER, *Die Apostolischen Väter. Griechisch-deutsche Parallelausgabe,* p. 484. Trad. di A QUACQUARELLI, *I Padri Apostolici,* p. 316

Anche il Signore di tutte le cose parlò del pentimento col giuramento: "Io vivo-dice il Signore-e non voglio la morte del peccatore, bensí la sua conversione (Ez 33,11).[4]

Per Clemente Romano sempre lo Spirito Santo è il protagonista dell'ispirazione dell'A.T. e per questo motivo tutto è conforme a verità:

Voi siete pieni di emulazione e di zelo nelle cose che riguardano la salvezza. Vi siete curvati sulle Sacre Scritture, le vere, date dallo Spirito Santo. Siete convinti che nulla di ingiusto e di falso è scritto in esse.[5]

Anche per lo pseudo-Barnaba in 12,2 lo Spirito Santo è il portavoce della volontà salvifica di Dio e per questo dice a Mosé di tenere le mani alzate in segno della croce, a motivo della quale venivano salvati gli israeliti:

Lo Spirito dice al cuore di Mosé di fare una figura di croce e di colui che avrebbe dovuto soffrire perché-dice-se non crederanno in lui saranno assaliti in eterno. Mosé pose al centro della mischia le armi una sull'altra, e postosi più in alto di tutti stese le mani, e in questo modo Israele tornava a vincere. Poi, quando le

---

4 CLEMENTE ROMANO, *Lettera ai Corinti* 8,1-2. Ed. crit. F. XAVER FUNK- K. BIHLMEYER-M. WHITTAKER, *Die Apostolischen Väter. Griechisch-deutsche Parallelausgabe*, p. 88. Trad. di A. QUACQUARELLI, *I Padri Apostolici*, p. 54.

5 CLEMENTE ROMANO, *Lettera ai Corinti* 45,1-3. Ed. crit. F. XAVER FUNK-K. BIHLMEYER-M. WHITTAKER, *Die Apostolischen Väter. Griechisch- deutsche Parallelausgabe*, p. 128. Trad. di A. QUACQUARELLI, *I Padri Apostolici*, Roma 1998, p. 300.

abbassava, tornavano a essere uccisi: Perché?
Perché conoscessero che non possono essere
salvati se non sperano in lui.[6]

1.1.2. L'identità della funzione pneumatologica in rapporto a Cristo

a. L'identità cristologica dello Spirito

Lo Spirito Santo preesistente, che ha
ispirato i profeti, è stato anche Colui che ha realizzato
l'incarnazione. Erma, a tal riguardo, dichiara che lo Spirito
si incarna; quello stesso Spirito che in *Similitudini* IX,1,1 è
anche denominato figlio di Dio:

> Dio fece abitare nella carne che volle lo Spirito
> Santo che preesisteva e che fece ogni creatura.
> Questa carne, in cui prese dimora lo Spirito
> Santo, serví bene lo Spirito camminando nella
> santità e nella castità, e non lo contaminò in
> nulla.[7]

A tal proposito sembra pertinente la considerazione
di R. Joly, per il quale il santo Spirito viene ad essere la
natura divina di Cristo, dal momento che lo stesso Erma in
Similitudini IX,12,2 afferma che il Figlio di Dio già

---

6 CLEMENTE ROMANO, *Lettera ai Corinti* 45,1-3. Ed. crit. F.
XAVER FUNK-K. BIHLMEYER-M. WHITTAKER, *Die
Apostolischen Väter. Griechisch- deutsche Parallelausgabe*, p. 128.
Trad. di A. QUACQUARELLI, *I Padri Apostolici,* Roma 1998, p.
300.

7 ERMA, *Pastore. Similitudini* V,6,5. Ed. crit. F. XAVER FUNK-K.
BIHLMEYER-M. WHITTAKER, *Die Apostolischen Väter.
Griechisch-deutsche Parallelausgabe*, p. 446. Trad. di A.
QUACQUARELLI, *I Padri Apostolici,* p. 300.

esisteva ancora prima della creazione del mondo:

> Pour Hermas, c'est le Saint Esprit qui s'est incarné en Jesus. On a voulu, pour sauver l'orthodoxie d'Hermas, comprendre par Saint-Esprit la nature divine du Christ. Cf. 89,2 où c'est le Fils de Dieu qui est antérieur à toute créature.[8]

Nella 2 *lettera* di Clemente ai Corinti 9,5 l'eredità platonica è evidente; la carne di Cristo, nella quale appare la chiesa, è infatti copia dello Spirito (Cristo preesistente). Eredità che l'autore stesso conferma in 14,3:

> La Chiesa che è spirituale apparve nella carne di Cristo, dimostrando a noi che chi la salvaguarda nella carne e non la corrompe la riceverà nello Spirito Santo. Questa carne è immagine dello Spirito. Nessuno che distrugge la copia potrà cambiare l'originale.[9]

Anche W. Rordorf, a proposito della 2 *lettera* di Clemente ai Corinti 9,5, afferma che

> in effetti, non si parla di due figli, ma della natura eterna dell'unico Figlio che è spirituale; nell'incarnazione, questa natura spirituale si unisce alla natura carnale.[10]

In seguito Ignazio esorta la comunità a vivere in concordia e in unità con le altre comunità cristiane, solo se

---

8 R. JOLY (a cura di), *Hermas, Le Pasteur,* Paris 1958, p. 239 n. 3.

9 Ed. crit. F. XAVER FUNK-K. BIHLMEYER-M. WHITTAKER, *Die Apostolischen Väter. Griechisch-deutsche Parallelausgabe,* pp. 166-168. Trad. di A. QUACQUARELLI, *I Padri Apostolici,* p. 230.

10 W. RORDORF, *"Qui natus est de Spiritu sancto et Maria Virgine",* in "Augustinianum" 20 (1980), p. 555.

possiedono lo spirito di Cristo che è lo Spirito Santo: "*State bene nella concordia di Dio possedendo lo spirito inseparabile che è Gesù Cristo*".[11] Illuminante è, a tal riguardo, l'affermazione di S. Prete:

> Si osservi tuttavia che tutto si muove per opera dello Spirito, che è tutt'uno con Cristo, perché è nel suo segno che si rafforza la concordia e l'unità dei cristiani.[12]

b. Lo Spirito vincolo di unità tra carne e spirito in Cristo

Lo Spirito, come vincolo di unità nella carne e nello spirito di Gesù, è messo in rilievo nella lettera di Ignazio ai Magnesii 1,2:

> Onorato di un nome di uno splendore divino, in queste catene che porto, canto alle chiese ed auguro loro l'unione nella carne e nello spirito di Gesù Cristo, nostra eterna vita, della fede e della carità, cui nulla è da preferire, e ciò che è più importante «l'unione» con Gesù e il Padre.[13]

Ignazio esorta ancora una volta la comunità a produrre concordia nei riguardi di tutto ciò che concerne le

---

11 IGNAZIO, *Lettera ai Magnesii* 15,1. Ed. crit. F. XAVER FUNK-K. BIHLMEYER - M. WHITTAKER, *Die Apostolischen Väter. Griechisch-deutsche Parallelausgabe,* p. 198. Trad. di A. QUACQUARELLI, *I Padri Apostolici,* p. 114.

12 S. PRETE, *In incorruptibilitate (ἀφθαρσία) Spiritus s. (Mart. Polyc. 14,2),* in "Augustinianum" 20 (1980), p. 512.

13 Ed. crit. F. XAVER FUNK-K. BIHLMEYER-M. WHITTAKER, *Die Apostolischen Väter. Griechisch-deutsche Parallelausgabe,* p. 192. Trad. di A. QUACQUARELLI *I Padri Apostolici,* p. 109.

opere della carne e dello Spirito, prendendo a modello esemplare l'unione che sussiste nel Padre, nel Figlio e nello Spirito:

> Cercate di tenervi ben saldi nei precetti del Signore e degli apostoli perché vi riesca bene tutto quanto fate nella carne e nello spirito, nella fede e nella carità, nel Figlio, nel Padre e nello Spirito, al principio e alla fine, con il vostro vescovo che è tanto degno e con la preziosa corona spirituale dei vostri presbiteri e dei diaconi secondo Dio. Siate sottomessi al vescovo e gli uni agli altri, come Gesù Cristo al Padre, nella carne, e gli apostoli a Cristo e al Padre e allo Spirito, affinché l'unione sia carnale e spirituale.[14]

Questa concezione dello Spirito, come tiene unite l'umanità e la divinità in Cristo così tiene uniti i cristiani che formano la chiesa, si riscontra nella più antica omelia cristiana dello pseudo-Clemente:

> Se diciamo che la Chiesa è la carne e Cristo lo Spirito, dunque chi violenta la carne violenta la Chiesa e non parteciperà dello Spirito che è Cristo. A tale vita e alla incorruttibilità questa carne può partecipare se ad essa si unisce lo Spirito Santo. Nessuno può esprimere e dire quello che il Signore ha preparato per i suoi eletti.[15]

---

14 Ps. BARNABA, *Epistola* 1,2. Ed. crit. F. XAVER FUNK-K. BIHLMEYER-M. WHITTAKER, *Die Apostolischen Väter. Griechisch-deutsche Parallelausgabe,* p. 26. Trad. di F.S. BARCELLONA *Epistola di Barnaba*, pp. 78-79.

15 *Ibidem*

Soprattutto in Ignazio la prospettiva paolina del dissidio tra la carne, che rappresenta il principio umano, e lo spirito, che rappresenta l'anima dell'uomo, è rovesciata per il fatto che ambedue, come afferma S. Prete sono poste *"in funzione di rapporto per l'unità, come in Mg. 1,2 e 13,1"*.[16] Queste parole richiamano il desiderio dell'apostolo Paolo di vedere nelle comunità da lui fondate uomini spirituali, che hanno ricevuto tale identità dalla forza dello Spirito (1 Cor 3,1.2,6. Ef 6,11-17).

1.1.3. L'esplicazione della funzione pneumatologica nella chiesa

a. La funzione messianica dello Spirito Santo

Abbiamo detto precedentemente che lo Spirito Santo era lo spirito profetico che annunciava un futuro evento salvifico, secondo la volontà di Dio Padre. Questo futuro evento salvifico era il messia che doveva venire sulla terra; messia che rappresenta il punto di arrivo o meglio il compimento delle antiche profezie ispirate dallo Spirito Santo.

In questo senso lo Spirito Santo diviene l'autore delle profezie in prospettiva messianica. Clemente Romano ci presenta questo ruolo dello Spirito Santo, volto a svelare il segreto messianico della reale venuta del Figlio di Dio Gesù Cristo nell'umiltà, per donarci la salvezza:

> Cristo è degli umili, non di chi si eleva sul suo gregge. Lo scettro della maestà di Dio, il Signore Gesù Cristo, non venne nel fragore della spavalderia e dell'orgoglio – e l'avrebbe

---

16 S. PRETE, *In incorruptibilitate,* pp. 512-513 n. 16.

potuto – ma nell'umiltà di cuore, come lo Spirito Santo ebbe a dire di lui: "Signore, chi credette alla nostra voce? e il braccio del Signore a chi fu rivelato? Noi l'annunciammo alla sua presenza (...) (Is 53,1-12). E di nuovo egli dice: "Io sono un verme e non un uomo, obbrobrio degli uomini e disprezzo del popolo. Tutti quelli che mi vedono mi scherniscono, parlano tra le labbra e muovono il capo: ha sperato nel Signore, lo liberi, lo salvi perché lo vuole". (Sal 22,7-9). Vedete, carissimi, quale modello ci è dato! Se il Signore si è umiliato a tal punto, che cosa faremo noi che, per mezzo suo, siamo venuti sotto il giogo della sua grazia?.[17]

b. I carismi dello Spirito

Lo Spirito Santo, in quanto spirito divino e quindi preesistente al mondo, arricchisce le comunità cristiane con i carismi. Per Clemente Romano uno fra i tanti carismi che lo Spirito Santo ha effuso nel cuore degli uomini, è il dono della stabilità; dono che era stato preannunciato dallo Spirito nella profezia di Is 60,17, ed era stato trasmesso dalla chiesa a coloro che furono

---

17 CLEMENTE ROMANO, *Lettera ai Corinti* 16,1-17. Ed. crit. F. XAVER FUNK-K. BIHLMEYER-M. WHITTAKER, *Die Apostolischen Väter. Griechisch- deutsche Parallelausgabe*, pp. 124-126. Trad. di A. QUACQUARELLI, *I Padri Apostolici*, pp. 59-60. Cfr. anche ps. BARNABA, *Epistola* 5,1-14. Ed. crit. F. XAVER FUNK-K. BIHLMEYER-M. WHITTAKER, *Die Apostolischen Väter. Griechisch- deutsche Parallelausgabe*, pp. 34-38.

designati e eletti dallo stesso spirito per svolgere queste mansioni, cioè quelle di vescovo e di diacono:

> Ricevuto il mandato e pieni di certezza nella risurrezione del nostro Signore Gesù Cristo e fiduciosi nella parola di Dio con l'assicurazione dello Spirito Santo andarono ad annunziare che il regno di Dio stava per venire. Predicavano per le campagne e le città e costituivano le loro primizie, provandole nello spirito, nei vescovi e nei diaconi dei futuri fedeli.[18]

Clemente seguita ad elencare i molteplici doni che lo Spirito Santo ha

> effuso nella chiesa. Sempre per Clemente il dono della grazia proviene dallo Spirito Santo che, in quanto unico, apporta molteplici benefici quali il senso della pace, della concordia, dell'unità, della bontà, della gioia, della fortezza c della perfezione nell'amore.[19]

La lettera di Clemente si pone in linea di continuità con le comunità primitive fondate da Paolo, dove come afferma C. Riggi, *"la comunità primitiva viveva l'azione dello Spirito attraverso l'effusione di grazia santificante e*

---

18 CLEMENTE ROMANO, *Lettera ai Corinti* 42,3-4. Ed. crit. F. XAVER FUNK-K. BIHLMEYER-M. WHITTAKER, *Die Apostolischen Väter. Griechisch- deutsche Parallelausgabe*, pp. 124-126. Trad. di A. QUACQUARELLI, *I Padri Apostolici*, p. 77.

19 Cfr. CLEMENTE ROMANO, *Lettera ai Corinti* 46,5-7; 50,3;55,3;63,2. Ed. crit. F. XAVER FUNK-K. BIHLMEYER-M. WHITTAKER, *Die Apostolischen Väter. Griechisch-deutsche Parallelausgabe*, pp. 130;134;138;148.

l'elargizione straordinaria di speciali carismi (...)".[20]

c. I pneumata

L'effetto immediato che lo Spirito Santo ha prodotto mediante l'effusione dei carismi è la ricezione dei doni nell'anima dei fedeli. Lo ps. Barnaba quindi gioisce del fatto che la grazia del dono spirituale si è radicata nei fedeli della sua comunità:

> Poiché sono grandi e copiose le disposizioni di Dio a vostro riguardo, gioisco oltre ogni dire per i vostri beati e gloriosi spiriti (πνεῦμασιν): tanto è radicata in voi la grazia del dono spirituale (πνευματική) che avete ricevuto.[21]

In 4,11 lo ps. Barnaba fa intendere che l'uomo diviene saggio e spirituale non per propria volontà, ma per lo Spirito di Dio che dimora nel cuore dei fedeli:

> Infatti la Scrittura dice: "Guai a coloro che si considerano saggi e sono intelligenti ai propri occhi". Diveniamo spirituali, diveniamo un tempio perfetto per Dio! Per quanto ci è possibile, applichiamoci al timore di Dio e lottiamo per osservare i suoi comandamenti, per poter gioire nelle sue disposizioni.[22]

---

20 C. RIGGI, *Lo Spirito Santo nell'antropologia della I Clementis,* in "Augustinianum" 20 (1980), p. 506 n. 13.

21 Ps. BARNABA, *Epistola* 1,2. Ed. crit. F. XAVER FUNK-K. BIHLMEYER- M. WHITTAKER, *Die Apostolischen Väter. Griechisch-deutsche Parallelausgabe,* p. 26. Trad. di F.S. BARCELLONA *Epistola di Barnaba,* pp. 78-79.

22 Ed. crit. F. XAVER FUNK-K. BIHLMEYER-M. WHITTAKER, *Die Apostolischen Väter. Griechisch-deutsche Parallelausgabe,* p. 34.

In 16,10 lo ps. Barnaba spiega infatti che il fedele è il portavoce della parola di Dio, che in lui abita tramite il dono della grazia:

> Infatti chi vuole essere salvato non guarda all'uomo, ma a chi abita e parla in lui, meravigliandosi di non avere mai udito pronunciare con la sua bocca tali parole e di non aver mai desiderato udirle. Questo è il tempio spirituale che si edifica al Signore.[23]

Pertanto, per lo ps. Barnaba, chi ascolta il fedele ascolta non la sua ma la Parola di Dio che si è riposta in lui per opera dello Spirito Santo, affinché colui che ascolta il fedele addivenga alla salvezza.

d. La funzione antropologico-santificatrice dello Spirito

Abbiamo visto che lo Spirito abita nel cuore dei fedeli, a motivo della effusione dei suoi doni che sono stati conseguentemente recepiti dagli stessi fedeli e vissuti nella concordia. Ma sorge spontanea la domanda: qual è il ruolo dello Spirito nell'uomo e conseguentemente nella comunità ecclesiale, perché l'uomo arrivi alla piena conoscenza di Dio? Clemente Romano ci dà la seguente risposta: come i soldati eseguono i comandi dei propri governanti e come il corpo non può stare senza la testa e senza i piedi, così ogni fedele, ciascuno secondo la sua

---

Trad. di F.S. BARCELLONA, *Epistola di Barnaba*, p. 87.

23 Ed. crit. F. XAVER FUNK-K. BIHLMEYER-M. WHITTAKER, *Die Apostolischen Väter. Griechisch-deutsche Parallelausgabe*, pp. 66-68. Trad. di F.S. BARCELLONA, *Epistola di Barnaba*, p. 119.

grazia, è sottomesso a Cristo perché da Lui ha ricevuto tutti i beni.[24] Da questo testo possiamo dedurre che lo Spirito Santo espleta la sua azione di diaconia reciproca tra i fratelli e con Dio ed è Colui che porta i fedeli a riconoscersi dipendenti gli uni dagli altri, e gli uni e gli altri con Cristo, come Clemente Romano puntualizza in 16,17:

> Vedete, carissimi, quale modello ci è dato! Se il Signore si è umiliato a tal punto, che cosa faremo noi che, per mezzo suo, siamo venuti sotto il giogo della sua grazia?.[25]

Come Cristo, afferma Clemente Romano, ha vissuto nella carità, allo stesso modo i fedeli che vivono nella carità reciproca possono pervenire al Padre:

> La carità ci unisce a Dio: "La carità copre la moltitudine dei peccati". La carità tutto soffre, tutto sopporta. Nulla di banale, nulla di superbo nella carità. La carità non ha scisma, la carità non si ribella, la carità tutto compie nella concordia. Nella carità sono perfetti tutti gli eletti di Dio. Senza carità nulla è accetto a Dio. Nella carità il Signore ci ha presi a sé. Per la carità avuta per noi, Gesù Cristo nostro Signore, nella volontà di Dio, ha dato per noi

---

24 Cfr. *Lettera ai Corinti* 37,1-4.38,1-4. Ed. crit. F. XAVER FUNK-K. BIHLMEYER-M. WHITTAKER, *Die Apostolischen Väter. Griechisch-deutsche Parallelausgabe,* pp. 120.122. Trad. di A. QUACQUARELLI, *I Padri Apostolici,* pp. 74-75.
25 CLEMENTE ROMANO, *Lettera ai Corinzi* 16,17. Ed. crit. F. XAVER FUNK-K. BIHLMEYER-M. WHITTAKER, *Die Apostolischen Väter. Griechisch-deutsche Parallelausgabe,* p. 98. Trad. di A. QUACQUARELLI, *I Padri Apostolici,* p. 60.

il suo sangue, la sua carne per la nostra carne e
la sua anima per la nostra anima.[26]

Anche Ignazio, nella sua *lettera* agli Efesini 9,1-2, ci dà l'immagine illuminante della corda applicata allo Spirito Santo. Egli è il principio di coesione tra il cielo e la terra, spirito di comunione tra le membra dei fedeli e Cristo, tramite il quale i fedeli vengono condotti a Dio:

Voi siete pietre del tempio del Padre preparate
per la costruzione di Dio Padre, elevate con
l'argano di Gesù Cristo che è la croce, usando
come corda lo Spirito Santo. La fede è la
vostra leva e la carità la strada che vi conduce
a Dio.[27]

Quindi, sempre per Ignazio di Antiochia, lo Spirito Santo è l'intermediario, colui che fa da tramite tra la terra e il cielo, perché i fedeli pervengano alla salvezza. Senza la corda, che è lo Spirito Santo, è impossibile risalire alla vita eterna da una condizione di peccato in cui è intrappolato l'uomo fin dalla nascita. Però lo Spirito Santo, per il Pastore di Erma, permette alla carne questo processo di risalita e di santificazione, solo quando questa non contamina lo Spirito:

Dio fece abitare nella carne che volle lo
Spirito Santo che preesisteva e che fece ogni
creatura. Questa carne, in cui prese dimora lo

---

26 CLEMENTE ROMANO, *Lettera ai Corinti* 49,5-6. Ed. crit. F. XAVER FUNK-K. BIHLMEYER-M. WHITTAKER, *Die Apostolischen Väter. Griechisch- deutsche Parallelausgabe,* pp. 132-134. Trad. di A. QUACQUARELLI, *I Padri Apostolici,* pp. 81-82.

27 Ed. crit. F. XAVER FUNK-K. BIHLMEYER-M. WHITTAKER, *Die Apostolischen Väter. Griechisch-deutsche Parallelausgabe,* p. 184. Trad. di A QUACQUARELLI, *I Padri Apostolici,* pp. 102-103

Spirito Santo, servì bene lo Spirito camminando nella santità e nella castità, e non lo contaminò in nulla. Scelse questa carne a partecipare dello Spirito Santo, perché essa si era comportata degnamente e castamente e aveva sofferto con lo Spirito collaborando in ogni cosa e conducendosi con fortezza. Piacque a Dio il comportamento di questa carne che avendo lo Spirito Santo non si macchiò sulla terra. Prese come consigliere il figlio e gli angeli gloriosi perché questa carne, avendo ubbidito allo Spirito con soddisfazione, ottenesse una tenda e non sembrasse aver perduta la ricompensa del suo servizio. Ogni carne ritrovata pura e senza macchia riceverà una ricompensa; in essa abitò lo Spirito Santo.[28]

1.1.4. Il compimento della funzione pneumatologica: il dono pneumatico della vita eterna

Dall'identità della chiesa con la carne e dall'identità di Cristo con lo Spirito, come abbiamo visto precedentemente, si deduce, sempre secondo la 2 *lettera* di Clemente ai Corinti 14,3-5, che chi custodisce la chiesa nella carne senza corromperla, in quanto la carne è immagine dello Spirito Santo, parteciperà alla vita dello Spirito e quindi all'incorruttibilità della vita divina. Invece

---

28 ERMA, *Pastore. Similitudini* 59,6,5-7. Ed. crit. F. XAVER FUNK-K. BIHLMEYER-M. WHITTAKER, *Die Apostolischen Väter. Griechisch-deutsche Parallelausgabe*, p. 446. Trad. di A. QUACQUARELLI, *I Padri Apostolici*, p. 300.

chi corrompe la carne, corrompe la chiesa, per cui la carne
può partecipare alla vita incorruttibile dello Spirito solo se
si unisce allo Spirito:

> La chiesa che è spirituale apparve nella carne
> di Cristo, dimostrando a noi che chi la
> salvaguarda nella carne e non la corrompe la
> riceverà nello Spirito Santo. Questa carne è
> immagine dello Spirito. Nessuno che
> distrugge la copia potrà cambiare l'originale.
> Questo vuol dire, fratelli, custodite la carne
> per partecipare dello Spirito. Se diciamo che
> la chiesa è la carne e Cristo lo Spirito, dunque
> chi violenta la carne violenta la chiesa e non
> parteciperà dello Spirito che è Cristo. A tale
> vita e alla incorruttibilità questa carne può
> partecipare se ad essa si unisce lo Spirito
> Santo.[29]

Policarpo invece vede nel martirio la via che porta
alla incorruttibilità dello Spirito Santo e alla vita eterna
dell'anima e del corpo:

> Io ti benedico, perché mi hai reso degno di
> questo giorno e di quest'ora di prendere parte
> nel numero dei martiri al calice del tuo Cristo
> per la risurrezione della vita eterna dell'anima
> e del corpo nell'incorruttibilità dello Spirito
> Santo.[30]

---

29 Ed. crit. F. XAVER FUNK-K. BIHLMEYER-M. WHITTAKER,
Die Apostolischen Väter. Griechisch-deutsche Parallelausgabe, pp.
166-168. Trad. di A. QUACQUARELLI, *I Padri Apostolici,* p. 230.

30 *Martirio di Policarpo* 14,2. Ed. crit. F. XAVER FUNK-K.
BIHLMEYER-M. WHITTAKER, *Die Apostolischen Väter.
Griechisch-deutsche Parallelausgabe,* pp. 274-276. Trad. di A.

1.2. *Gli aspetti euristici della funzione e dell'identità del pneuma nei Padri Apologisti*

Innanzitutto per Padri Apologisti intendiamo i Padri del II secolo.[31] A differenza dei Padri Apostolici, gli apologisti si confrontarono col mondo circostante e cioè col paganesimo allora imperante, confronto non sempre facile, spesso animato da persecuzioni.

Lo scopo degli apologisti non era tanto quello di convincere i pagani ad aderire alla fede cristiana, quanto quello di rendere loro palese l'autenticità del messaggio e il suo alto valore morale. I Padri Apologisti, inseriti nell'ambito culturale pagano e da questo provenienti e acculturati, nel presentare il messaggio cristiano si avvalsero degli strumenti culturali in loro possesso, per essere convenientemente compresi dal mondo politeista e sincreticamente religioso, quale era il greco-romano in tutta la sua estensione territoriale.

Sotto questo profilo c'è da dire che il kerigma originario, pur acquisendo termini e concettualità formali di tipo ellenistico, non tradí mai il relativo contenuto di fede, anzi la traduzione del kerigma nei mezzi espressivi propri della cultura greca favorí una più profonda comprensione del messaggio da parte dei pagani. Infatti il kerigma, codificato nelle categorie filosofiche, è stato arricchito di nuovi concetti, a seguito dell'impatto del kerigma stesso con le più svariate culture esistenti in tale periodo, al fine di presentarlo in modo chiaro non solo al pubblico pagano, ma anche all'interno della chiesa stessa.

QUACQUARELLI, *I Padri Apostolici*, p. 168.
31 Cfr. C. BOSIO-E. DAL COVOLO-M. MARITANO, *Introduzione*, vol. I, pp. 155-160.

In tale prospettiva si sviluppa l'apologetica: la chiesa, più che difendere il kerigma, intende presentare il messaggio evangelico ai pagani colti dell'epoca, avvalendosi degli strumenti propri della cultura greca per spingerli ad aderire al cristianesimo.

Se è possibile quindi parlare della ellenizzazione dell'annuncio cristiano, per cui il dato kerigmatico è stato in un certo qual modo influenzato dalle concezioni greche, è anche possibile parlare della cristianizzazione dell'ellenismo, in quanto verranno influenzate dal cristianesimo le correnti filosofiche dell'epoca.

A partire da tale prospettiva vediamo, a tal proposito, qual è il ruolo dello Spirito Santo nei Padri Apologisti.

1.2.1. La funzione dello Spirito prima della creazione: il Cristo *"unto"* dallo Spirito di Dio

Nella 2*Apologia* 6,3 Giustino afferma che il Logos (Verbo) preesistente e coeterno al Padre, prima che il mondo fosse creato, viene denominato Cristo, in quanto è stato unto:

> Il Figlio di Lui, il solo a buon diritto chiamato
> "figlio", il Logos coesistente e generato prima
> della creazione quando all'inizio per mezzo di
> Lui creò ed ordinò ogni cosa, è chiamato
> Cristo, perché è stato unto.[32]

Evidentemente qui Giustino si richiama al rito

---

32 Ed. crit. M. MARCOVICH, *Iustini martyris. Apologiae pro christianis*, p. 145. Trad. di A.R. RACCONE, *Giustino. Le due apologie*, Milano 2004, p. 141.

dell'unzione che, presso gli ebrei, deteneva il significato di consacrazione: infatti nella storia di Israele l'unzione era impartita ai re, ai profeti e ai sacerdoti perché a loro era stato demandato l'ufficio di guidare il popolo d'Israele. Giustino, associando l'unzione a Cristo, si pone in linea di continuità con il discorso che Pietro fece presso Cornelio, per il quale Dio, avendo consacrato in Spirito Santo Gesù di Nazareth, gli ha conferito la missione di salvare tutti coloro che erano sotto il potere del demonio (At 10,38).

1.2.2. La funzione dello Spirito nella creazione: lo Spirito santo trascendente rispetto al mondo

Giustino e gli altri apologisti, influenzati dalla corrente filosofica medioplatonica,[33] approdano all'idea che Dio è assolutamente trascendente rispetto al mondo. Giustino in particolare, nel *Dialogo con Trifone*, fa intendere che lo Spirito è divino come il figlio, che dal Padre è stato generato:

> Vi darò, amici,-dissi ancora-anche un'altra
> testimonianza tratta dalle Scritture, secondo
> cui come principio prima di tutte le creature
> Dio ha generato da se stesso una potenza
> razionale che lo Spirito santo chiama ora
> Gloria del Signore, ora Figlio, ora Sapienza,
> ora Angelo, ora Dio (...).[34]

---

33 Cfr. a tal proposito P.A. CASAMASSA, *Gli apologisti greci, studio introduttivo*, Roma 1944; S. LILLA, *Introduzione al medioplatonismo*, Roma 1992; G. GIRGENTI, *Giustino martire. Il primo cristiano platonico. Con in appendice "Atti del martirio di San Giustino"*, Milano 1995.

34 GIUSTINO, *Dialogo con Trifone* 61,1. Ed. crit. M.

Anche nella 1*Apologia* 13,3-4 Giustino afferma la divinità dello Spirito Santo, che fa parte di Dio e lo colloca al terzo posto:

> (...) Abbiamo appreso che Egli (Gesù Cristo) è il figlio del vero Dio, e Lo onoriamo al secondo posto, ed in terzo luogo lo Spirito Profetico. In questo credono di dimostrare la nostra follia, dicendo che noi diamo il secondo posto, dopo l'immutabile ed eterno Dio, creatore di tutte le cose.[35]

Atenagora, partendo dal presupposto che Dio è increato ed eterno, ne deduce che anche lo Spirito Santo è un'entità divina aliena da tutto ciò che è materiale ed è anche distinto da Dio Padre, perché da Lui proviene (ἀπορρεύει):

> Su questo ragionamento concorda anche lo Spirito profetico: "Il Signore – dice - mi creò principio delle sue vie per le sue opere" (Pv 8,22). Invero anche lo stesso Spirito Santo che ispirava coloro che proclamavano profezie noi diciamo che è emanazione (ἀπόρροια) di Dio, che s'irradia e riappare come raggio di sole. 5. Chi non resterebbe perplesso dopo aver sentito

MARCOVICH, *Iustini martyris. Dialogus cum Tryphone*, Berlin-New-York 1997, pp. 174-175. Trad. di G. VISONÀ, *Dialogo con Trifone*, p. 217.

35 Ed. crit. M. MARCOVICH, *Iustini martyris. Apologiae pro christianis*, p. 51. Trad. di A.R. RACCONE, *Giustino. Le due apologie*, p. 57. Cfr. anche per il pensiero dei Padri apologisti e degli altri Padri J. LEBRETON, *Histoire du dogme de la Trinité*, voll. I-II, Paris 1927-28; Y. CONGAR, *Credo nello Spirito Santo*, vol. I. *Rivelazione e esperienze dello Spirito*, vol. III. *Teologia dello Spirito Santo*, Brescia 1984.1987.

che vengono definiti atei coloro che riconoscono Dio Padre e Dio Figlio e lo Spirito Santo e che ne dimostrano la potenza nell'unità e la distinzione nell'ordine?.[36]

Atenagora chiarisce, rispetto a Giustino, il ruolo dello Spirito Santo nell'eternità prima della creazione del mondo. Lo Spirito Santo, dice Atenagora in sintonia con Giustino, è colui che unisce il Padre con il Figlio e, in quanto tale, viene ad essere il terzo in ordine di grado:

e poiché il Figlio è nel Padre e il Padre nel Figlio nell'unità e nella potenza dello Spirito; mente e verbo del Padre (è) il Figlio di Dio. 5. Chi non resterebbe perplesso dopo aver sentito che vengono definiti atei coloro che riconoscono Dio Padre e Dio Figlio e lo Spirito Santo e che ne dimostrano la potenza nell'unità e la distinzione nell'ordine?.[37]

A tal riguardo è pertinente la considerazione di C. Moreschini:

È Atenagora che, unico tra tutti gli apologeti, si pone il problema dell'origine dello Spirito Santo dal Padre: se egli dice che lo Spirito è ἀπόρροια, evidentemente non solo lo distingue dal Figlio (...) ma cerca anche di capire in che modo possa procedere dal Padre senza essere

___

36 ATENAGORA, *Supplica per i cristiani* 10,4-5. Ed. crit. M. MARCOVICH, *Athenagoras. Legatio pro christianis*, Berlin-New-York 1990, p. 41. Trad. di C. BURINI, *Gli apologeti greci*, Roma 1986, p. 262.

37 ATENAGORA, *Supplica per i cristiani* 10,2.5. Ed. crit. M. MARCOVICH, *Athenagoras. Legatio pro christianis*, pp. 39-41. Trad. di C. BURINI, *Gli apologeti greci*, pp. 261-262.

il Figlio.[38]

Anche Teofilo di Antiochia, fedele allo schema triadico dei suoi predecessori, mette in rilievo che la sapienza, identificata con lo Spirito Santo, è preesistente perché coeterna a Dio, e, insieme a Dio Padre e al Figlio, forma la trinità:

> Poiché Dio aveva il proprio Verbo immanente nel proprio cuore, lo generò insieme alla sua sapienza emanandolo prima di tutte le altre cose. (...) Questo dunque, essendo spirito di Dio, principio, sapienza e potenza dell'altissimo, scendeva sui profeti e per mezzo di loro parlava della creazione del mondo e di tutte le altre cose. I profeti non esistevano quando fu creato il mondo, ma esisteva la sapienza di Dio che è in lui e il suo santo Verbo che da sempre con lui esiste.[39]

È da notare che gli apologisti impiegano il termine pneuma per indicare la terza persona della Trinità; termine che in ambito ellenistico, soprattutto stoico, veniva ad indicare lo spirito igneo, di natura materiale, che unisce e che vivifica tutte le cose: lo spirito è principio costitutivo del mondo, inteso come forza organica di natura materiale che necessariamente ordina la materia, la compenetra, organizzando il mondo.[40]

---

38 C. MORESCHINI, *Tradizione e innovazione nella pneumatologia di Tertulliano*, in "Augustinianum" 20 (1980), p. 642.

39 TEOFILO DI ANTIOCHIA, *ad Autolico* II,10. Ed. crit. M. MARCOVICH, *Tatiani Oratio. Ad Graecos. Theophili Antiocheni. Ad Autolycum*, Berlin-New-York 1995, pp. 53. Trad. di C. BURINI, *Gli apologeti greci*, p. 391.

40 M.I. PARENTE (a cura di), *Stoici antichi*, vol. I, Torino 1989, p.

Sulla base del fatto che lo Spirito Santo è coeterno a Dio, perché precedente la creazione del mondo, Taziano, controbattendo la posizione stoica, afferma che la natura divina dello Spirito, come quella del Padre, è di ordine trascendente non di ordine materiale, perché Dio è Spirito

> non si diffonde attraverso la materia, ma è colui che dà ordine agli spiriti della materia e alle forme che sono in essa, invisibile ed ineffabile, pur essendo egli stesso Padre delle cose sensibili e visibili.[41]

Taziano quindi ribadisce la trascendenza atemporale dello Spirito divino nei confronti della materia, in quanto Dio crea le forme nella materia ma non le produce a partire dalla materia, come invece sostengono gli stoici, per i quali (Dio) è l'elemento costitutivo.[42] Sulla falsariga del concetto stoico di pneuma, che è il principio da cui hanno origine tutte le cose, Atenagora precisa che lo Spirito Santo è colui che regge la creazione, in quanto *"ogni cosa è stata creata ed è retta dal suo spirito"*.[43]

---

131. Per l'influsso dello stoicismo nei Padri Apologisti vedi anche M. SPANNEUT, *Le stoicisme des Pères de l'église de Clément de Rome a Clement d'Alexandrie*, Paris 1957.

41 TAZIANO, *La supplica ai Greci* 4,3. Ed. crit. M. MARCOVICH, *Tatiani Oratio. Ad Graecos. Theophili Antiocheni. Ad Autolycum*, p. 12. Trad. di C. BURINI, *Gli apologeti greci*, p. 188.

42 TAZIANO, *La supplica ai Greci* 4,1-2. Ed. crit. M. MARCOVICH, *Tatiani, Oratio ad Graecos. Theophili Antiocheni, Ad Autolycum*, p. 12.

43 ATENAGORA, *Supplica per i cristiani* 6,2. Ed. crit. M. MARCOVICH, *Athenagoras. Legatio pro christianis*, pp. 32. Trad. di C. BURINI, *Gli apologeti greci*, p. 257.

1.2.3. L'identità dello Spirito profetico e della realtà profetica

Nella sua *Apologia* 1,38,1-5 Giustino afferma che lo Spirito, che ha parlato per mezzo del profeta Isaia e dell'autore dei Salmi, è il Verbo di Dio. Anche Platone, secondo Giustino

> ha attinto dai nostri maestri-intendiamo dire dalle parole dei Profeti - l'affermazione secondo cui Dio, trattando la materia amorfa, fece il mondo, ascoltate le precise parole di Mosé, che già abbiamo mostrato essere il primo Profeta e più antico degli scrittori greci: 2. per mezzo di lui lo Spirito Profetico, rivelando in quale modo, al principio, e da quali elementi Dio abbia creato il mondo, disse così: "In principio Dio creò il cielo e la terra. La terra era invisibile e informe, e tenebra sull'abisso; e lo Spirito di Dio si portava sulle acque. E Dio disse – Sia la luce – e così fu"(Gen 1,1-3).[44]

Giustino, partendo dal fatto che colui che ha parlato per bocca di Mosé è stato il Figlio di Dio, che è denominato per ciò stesso anche messaggero e inviato dal Padre e non il Padre, come invece sostenevano i giudei, afferma che i giudei sono stati rimproverati dallo spirito profetico, che è lo stesso Cristo, per non aver riconosciuto né il Padre né il Figlio.[45] Giustino in 1Apologia 59,1-4, facendo riferimento

---

44 GIUSTINO, *Apologia* I,59,1-2. Ed. crit. M. MARCOVICH, *Iustini martyris. Apologiae pro christianis*, p. 51. Trad. di A.R. RACCONE, *Giustino. Le due apologie*, pp. 114-115.

45 GIUSTINO, *Apologia* I,63,1-2. Ed. crit. M. MARCOVICH, *Iustini martyris. Apologiae pro christianis*, p. 121.

a Platone, il quale per Giustino è stato ispirato dal Verbo che, come abbiamo visto precedentemente, è sapienza del Padre, ritiene che prima della venuta del Verbo nella carne Platone fosse partecipe del Logos.

In 1*Apologia* 46,2-3 Giustino afferma che gli antichi saggi greci, considerati atei, erano invece cristiani perché essi vissero secondo la ragione, riflesso e immagine della ragione divina che è la Sapienza del Padre:

> Ci è stato insegnato che Cristo è il primogenito di Dio, e abbiamo già dimostrato che Egli è il Logos di cui fu partecipe tutto il genere umano. E coloro che vissero secondo il Logos sono cristiani, anche se furono giudicati atei, come, tra i Greci, Socrate ed Eraclito ed altri come loro.[46]

Nella 2*Apologia* 8,1-2.10,2-6 Giustino spiega che quanto di vero e di bene hanno enunciato i filosofi antichi è il prodotto della loro attività razionale, frutto per Giustino della presenza di una parte del Logos:

> Sappiamo che sono stati odiati ed uccisi anche i seguaci della dottrina stoica-come, per qualche verso, anche i poeti-almeno quando si sono mostrati moderati nel tema dell'etica, grazie al seme del Logos che è innato in ogni stirpe umana: ad esempio, Eraclito, come abbiamo detto, e, ai nostri tempi, Musonio ed altri. Come infatti abbiamo mostrato, i demoni hanno sempre operato in modo che fossero odiati

---

46 Ed. crit. M. MARCOVICH, *Iustini martyris. Apologiae pro christianis*, p. 97. Trad. di A.R. RACCONE, *Giustino. Le due apologie*, p. 98.

quanti, in qualunque modo, si sforzano di vivere secondo il Logos e di fuggire il male".10,2-6:"Infatti tutto ciò che rettamente enunciarono e trovarono via via filosofi e legislatori, in loro è frutto di ricerca e speculazione, grazie ad una parte di Logos. Ma poiché non conobbero il Logos nella sua interezza, che è Cristo, spesso si sono anche contraddetti. Quelli che vissero prima di Cristo e si sforzarono di investigare e di indagare le cose con la ragione, secondo le possibilità umane, furono trascinati dinanzi ai tribunali come empi e troppo curiosi. Colui che più di ogni altro tendeva a questo, Socrate, fu accusato delle stesse colpe che si imputano a noi: infatti dissero che egli introduceva nuove divinità, e che non credeva negli dei che la città riteneva come tali. Invece egli insegnò agli uomini a rinnegare i demoni malvagi, autori delle empietà narrate dai poeti, facendo bandire dalla repubblica sia Omero sia gli altri poeti, cercava anche di spingerli alla conoscenza del Dio a loro ignoto, attraverso la ricerca razionale. Diceva: "Non è facile trovare il Padre e creatore dell'universo, né è sicuro che chi l'ha trovato lo riveli a tutti". Questo è quanto fece il nostro Cristo con la Sua potenza. Infatti a Socrate nessuno credette fino al punto di morire per questa dottrina.[47]

---

47 Ed. crit. M. MARCOVICH, *Iustini martyris. Apologiae pro christianis*, pp. 149.151-152. Trad. di A.R. RACCONE, *Giustino. Le due apologie*, pp. 144.146-147.

Per Giustino quindi è il Logos che dà i *"semi"* della ragione agli antichi filosofi perché, essendo stato generato dalla mente del Padre, è egli stesso pieno della sapienza del Padre. Pertanto il Logos effonde questi *"semi"* parziali della sua ricca razionalità attraverso l'azione dello Spirito che, in quanto sapienza del Padre, rivela agli uomini di buona volontà la potenza razionale del Logos, favorendo la loro recezione. L'azione del Logos dunque per Giustino non è disgiunta da quella dello Spirito, anzi è intimamente collegata a essa.

Il Logos rivela la sua potenza razionale nello Spirito che illumina ogni uomo, dando a ciascuno una piccola scintilla di quelli che sono gli insegnamenti del Padre, racchiusi nella sua mente divina e che il Logos ha il compito di mediare attraverso l'azione illuminatrice dello Spirito. Questo concetto verrà ripreso da Clemente Alessandrino, per il quale la sapienza degli antichi è propedeutica alla vera filosofia, che si è compiuta e realizzata definitivamente con la venuta del Verbo nella carne:

> Orbene, prima della venuta del Signore la filosofia era ai Greci necessaria per giungere alla giustizia; ora diviene utile per giungere alla religione: essa è in certo modo una propedeutica per coloro che intendono conquistarsi la fede per via di dimostrazione razionale (...) 29,1: "Una è, sí, la strada della verità, ma in essa, come in un fiume perenne, sfociano tanti rivoli, uno da una parte uno dall'altra. E allora ecco le divine parole: "Ascolta, mio figliolo, e accogli il mio discorso, perché tu abbia molte vie di vita:

io t'insegno vie di sapienza, perché non ti vengano meno le sorgenti", le quali scaturiscono dalla medesima terra. E certo non per un uomo giusto soltanto ha enumerato più vie di salvezza, anzi soggiunge che molte altre vie ci sono per molti giusti, proclamando: "Le vie dei giusti brillano come luce". Ebbene, anche i precetti e le propedeutiche possono essere vie e indirizzi di vita.[48]

Sempre per Clemente Alessandrino il Logos funge da pedagogo tramite la legge di Mosé e i profeti: infatti il Logos ha dato all'uomo la legge di Mosé, per condurlo alla salvezza definitiva che è Cristo.[49]

Origene spiegherà ancora meglio questo rapporto di dipendenza dell'uomo dal Logos, in virtù della ragione. A tal riguardo Origene specifica che gli esseri umani sono dotati di ragione perché il Figlio, in quanto sapienza del Padre, l'ha trasmessa agli esseri razionali in maniera proporzionalc al loro grado di santità:

Il Figlio unigenito di Dio, per mezzo del quale (…) sono state fatte tutte le cose visibili e invisibili (…) ha fatto partecipare invisibilmente di sé tutte le creature razionali, cosí che ognuna partecipasse di lui tanto quanto

---

48 CLEMENTE ALESSANDRINO, *Stromati* I,5,28,1-29,1-3. Ed. crit. O. STÄHLIN, *Clemens Alexandrinus. Stromata*, Berlin 1960, pp. 17-18. Trad. di G. PINI, *Clemente Alessandrino. Stromati. Note di vera filosofia*, Milano 1985, pp. 90-91.

49 CLEMENTE ALESSANDRINO, *Pedagogo* I,7,60,1-3. Ed. crit. H.I. MARROU-M. HARL, *Clément d'Alexandrie. Le Pédagogue*, Paris 1960, pp. 216-218.

aderiva a lui con amore.[50]

Tornando a Giustino egli ritiene che ciò che è stato rivelato è già realtà, come nel caso della profezia di Is 53,1.7 sulla passione di Gesù, dal momento che lo Spirito profetico è il Verbo di Dio.[51] Per Giustino quindi lo Spirito profetico, che è il Verbo, è atto ad annunciare gli eventi più importanti della vita di Gesù e i fatti più significativi.[52]

1.2.4. La funzione dello Spirito nella incarnazione di Gesù: la prima parusia dello Spirito

Giustino, ricollegandosi alla profezia di Is 11,1-2, afferma che questo passo si applica a Cristo, al quale sono state date le potenze dello Spirito, così come sono enumerate in Is 11,1-3. Giustino controbatte Trifone affermando

> che le virtù dello Spirito qui elencate non sono
> scese su di lui come se ne avesse bisogno, ma
> come per trovare riposo in lui, cioè stabilire
> con lui un limite così che non sorgessero più
> profeti in seno alla vostra razza, come

---

50 ORIGENE, *Principii* II,6,3. Ed. crit. H. CROUZEL-M. SIMONETTI, *Origène. Traité des principes*, Paris 1978, p. 314. Trad. di M. SIMONETTI, *I Principi di Origene*, Torino 1968, p. 286.

51 GIUSTINO, *Dialogo con Trifone* 114,2. Ed. crit. M. MARCOVICH, *Iustini martyris. Dialogus cum Tryphone*, Berlin-New-York 1997, pp. 265-266. Vedi anche GIUSTINO, *1Apologia* 42,1-4. Ed. crit. M. MARCOVICH, *Iustini martyris. Apologiae pro christianis*, p. 91.

52 GIUSTINO, *1Apologia* 32,1-2.7-8;39,1-2;41,1-4. Ed. crit. M. MARCOVICH, *Iustini martyris. Apologiae pro christianis*, pp. 78-79.87.90.

succedeva per il passato, e questo potete constatarlo con i vostri occhi, perché dopo di lui tra di voi non è sorto più neanche un profeta (...) Lo Spirito dunque ha riposato, cioé è cessato con la venuta di colui dopo del quale, una volta realizzatasi questa sua economia tra gli uomini, dovevano cessare di tra voi, e trovare invece di nuovo in lui riposo.[53]

La prima testimonianza del fatto che Gesù non aveva bisogno dei doni dello Spirito perché con Lui dovevano cessare, è per Giustino la nascita stessa di Gesù; nascita nella quale Gesù era già dotato di una potenza propria:

Fin dalla nascita infatti fu dotato della potenza che gli è propria, poi, crescendo, come tutti gli altri uomini e usando di volta in volta le cose convenienti, assegnò alle varie tappe della crescita ciò che era proprio a ciascuna (...).[54]

Riguardo a questo evento Giustino riprende il testo di Lc 1,35 e afferma che lo Spirito Santo è colui che si è accostato a Maria, perché con la sua potenza rimanesse incinta.[55] Qui Giustino identifica lo Spirito e la virtù di Dio

---

53 GIUSTINO, *Dialogo con Trifone* 87,2-3.5. Ed. crit. M. MARCOVICH, *Iustini martyris. Dialogus cum Tryphone*, pp. 221-222. Trad. di G. VISONÀ, *Dialogo con Trifone*, pp. 276-277. Vedi anche *Dialogo con Trifone* 88,1. Ed. crit. M. MARCOVICH, *Iustini martyris. Dialogus cum Tryphone*, p. 222.

54 GIUSTINO, *Dialogo con Trifone* 88,2. Ed. crit. M. MARCOVICH, *Iustini martyris. Dialogus cum Tryphone*, pp. 222-223. Trad. di G. VISONÀ, *Dialogo con Trifone*, p. 278.

55 GIUSTINO, *1Apologia* 33,4-5. Ed. crit. M. MARCOVICH, *Iustini*

col Logos. Fu questo Spirito (Logos) che rese incinta Maria non per concorso di uomo, ma per la virtù di Dio.

1.2.5. La funzione dello Spirito nella chiesa
a. La seconda parusia dello Spirito

Terminata la vita terrena di Gesù, per Giustino le virtù dello Spirito cessano di *"riposare"* in Lui, perché queste stesse virtù si riconvertono in doni, che Cristo darà a ciascuno dei credenti grazie alla potenza dello Spirito:

> (...) i doni che erano stati profetizzati e che per la grazia della potenza di quello Spirito egli concede a coloro che credono in lui, secondo quanto sa che ciascuno ne è degno. Ho già detto, e lo ripeto, che era stato profetizzato che questo sarebbe avvenuto da parte sua dopo l'ascensione al cielo. Ha detto dunque la Scrittura: "È asceso in alto facendo prigionieri, ha distribuito doni agli uomini". E in un'altra profezia è detto: "E accadrà che dopo queste cose effonderò il mio Spirito su ogni carne, sui miei servi e sulle mie serve, e profeteranno". Da noi si possono vedere sia donne che uomini che hanno carismi ricevuti dallo Spirito di Dio.[56]

---

martyris. Apologiae pro christianis, p. 80.

56 GIUSTINO, *Dialogo con Trifone* 87,5-6-88,1. Ed. crit. M. MARCOVICH, *Iustini martyris. Dialogus cum Tryphone*, p. 222. Trad. di G. VISONÀ, *Dialogo con Trifone*, pp. 277-278.

Giustino, citando la profezia di Sal 68,19 e Gl 3,1-2, si pone in linea di continuità con la lettera agli Efesini 4,8 dove Sal 68,19 è citato per testimoniare che Gesù, ascendendo al cielo, ha distribuito i carismi sui credenti secondo la misura del dono di Cristo. Per questo sta scritto:

> Ascendendo in cielo ha portato con sé prigionieri, ha distribuito doni agli uomini" (Sal 68,19) (…). È lui che ha stabilito alcuni come apostoli, altri come profeti ecc. (Ef 4,7-13).

È importante notare, a tal proposito, che la donazione dei carismi sia nella lettera agli Efesini che nel Dialogo con Trifone si realizza in chi è già credente. Quindi questa donazione si realizza in colui che è divenuto membro della chiesa attraverso la sua professione di fede, che si esplica nel battesimo come sottolinea E. Norelli, commentando la lettera a Diogneto in 11,5:

> I fedeli che ottengono la conoscenza dei misteri sono i discepoli, che non si identificano certo con "chi ancora deve scegliere di accostarsi ed ascoltare"-sembra trattarsi di un insegnamento più elevato, presumibilmente fondato sull'esegesi della Scrittura, che viene impartito a dei fedeli già battezzati e provenienti verosimilmente dal paganesimo.[57]

____

57 E. NORELLI (a cura di), *A Diogneto*, Milano 1991, pp. 127-128 n. 17.

b. La funzione battesimale-eucaristica dello Spirito

Come conseguenza del fatto che il sangue di Gesù non deriva da seme umano ma dalla potenza divina per opera dello Spirito Santo, Giustino afferma che questo sangue è fonte di salvezza per i credenti.

È fonte di salvezza perché nel sangue di Cristo è presente la potenza dello Spirito Santo, in forza del quale Gesù dona la remissione dei peccati; remissione che lo Spirito Santo aveva profetizzato in Gen 49,11:

> Quanto alla profezia del patriarca Giacobbe registrata da Mosé – "Lava nel vino la sua veste, nel sangue dell'uva il suo mantello" (Gen 49,11) -, essa indicava che avrebbe lavato nel suo sangue i credenti in lui. Lo Spirito Santo, infatti, con "veste" ha designato coloro che avrebbero ottenuto per mezzo suo la remissione dei peccati: in essi egli è continuamente presente con la sua potenza, e lo sarà apertamente nella sua seconda venuta. Dicendo poi "sangue dell'uva", la parola ha mostrato, tramite l'artificio dell'immagine, che Cristo ha del sangue, non però da seme umano bensì dalla potenza di Dio.[58]

Quindi lo Spirito Santo assume qui il ruolo di coordinatore perché, attraverso il sangue di Cristo, venga elargita ai fedeli la remissione dei peccati. A proposito sempre del battesimo, Giustino denomina questo lavacro "illuminazione", in quanto lo spirito del battezzato viene

---

58 GIUSTINO, *Dialogo con Trifone* 54,1-2. Ed. crit. M. MARCOVICH, *Iustini martyris. Dialogus cum Tryphone*, pp. 158-159. Trad. di G. VISONÀ, *Dialogo con Trifone*, pp. 199-200.

illuminato dallo Spirito Santo nella mente:

> Questo lavacro si chiama illuminazione, poiché coloro che comprendono queste cose sono illuminati nella mente. E chi deve essere illuminato viene lavato nel nome di Gesù Cristo, crocifisso sotto Ponzio Pilato, e nel nome dello Spirito Santo, che ha preannunziato per mezzo dei profeti tutti gli eventi riguardanti Gesù.[59]

Anche qui lo Spirito Santo è l'agente principale della illuminazione della mente. Attraverso questo lavacro il battezzato, libero dai peccati, accoglie la luce dello Spirito Santo. In Giustino è in nuce il concetto di illuminazione che sarà sviluppato da Clemente alessandrino, il quale appunto dirà che

> cosí noi, una volta battezzati, spazziamo via i peccati che, a mò di nube, facevano ombra allo Spirito divino e rendiamo in tal modo libero, scnza impedimenti e luminoso l'occhio dello Spirito, il quale solo ci permette di contemplare la divinità, grazie allo Spirito Santo che dall'alto del cielo fluisce in noi.[60]

Nella prassi liturgica delle prime comunità cristiane, strettamente connessa al battesimo, è la liturgia eucaristica. Infatti Giustino fa riferimento allo Spirito

---

59 GIUSTINO, *Apologia* I,61,8. Ed. crit. Ed. crit. M. MARCOVICH, *Iustini martyris. Apologiae pro christianis*, p. 119. Trad. di A.R. RACCONE, *San Giustino. Le due apologie,* p. 111.
60 CLEMENTE ALESSANDRINO, *Pedagogo* I,28,1. Ed. crit. H.I. MARROU- M. HARL, *Clément d'Alexandrie. Le Pédagogue,* p. 162. Trad. di D. TESSORE, *Clemente Alessandrino. Il Pedagogo,* Roma 2005, p. 61.

Santo, non solo a proposito della preghiera eucaristica ma anche all'epiclesi, dove Dio Padre viene invocato perché invii lo Spirito Santo sia sugli elementi del pane e del vino, perché vengano consacrati, e sia sui fedeli per santificarli attraverso la comunione.[61] Allo Spirito Santo compete anche per Giustino la funzione consacratoria durante l'epiclesi, affinché gli elementi del pane e del vino si trasformino in corpo e sangue di Cristo.

c. I doni dello Spirito

Strettamente associata alla pratica del battesimo è l'effusione dei doni che, come abbiamo visto, avviene dopo che Cristo ascese al cielo (*Dial.* 87-88).

Giustino sottolinea in *Dialogo* 39,2-4, rifacendosi a Is 11,1-2, che a coloro che sono stati battezzati, Cristo impartirà i doni dello Spirito secondo la loro dignità.

Anche nella *lettera a Diogneto* 11,5 il dono della grazia è effuso sui santi ossia in coloro che già credono nella Trinità e nella chiesa. Lo Spirito di intelligenza, citato in Dialogo 39,2 ricorre anche nella lettera a Diogneto 11,5 e in 12,9. In 11,5 l'intelligenza conferita dalla grazia, che per alcuni studiosi allude allo Spirito Santo, mentre per altri in linea con E. Norelli, allude "*alla grazia della chiesa che accompagna lo snodarsi del piano di salvezza continuando l'opera della grazia dei profeti*",[62]

---

61 GIUSTINO, *1Apologia* 65,1-3.5. Ed. crit. M. MARCOVICH, *Iustini martyris. Apologiae pro christianis*, pp. 125-126. Vedi anche a tal proposito S. FELICI (a cura di), *Spirito Santo e catechesi patristica*, Roma 1983, pp. 195-208.

62 E. NORELLI (a cura di), *A Diogneto*, p. 127 n.17.

viene intesa, secondo E. Norelli, come

> la capacità di comprendere i misteri divini anche attraverso una comprensione cristologica delle Scritture".[63]

Nella *lettera a Diogneto* 12,9 viene affermato che *"gli apostoli sono dotati d'intelligenza"*.[64]

Questo equivarrebbe a dire, secondo E. Norelli, che *"gli apostoli sono dunque in grado di comprendere, senza dubbio il senso nascosto, cristologico delle Scritture"*.[65]

1.2.6. La funzione dello Spirito nella risalita dell'anima a Dio: la diaconia dello Spirito

I doni dello Spirito sono stati effusi sulla chiesa affinché ogni fedele con il suo carisma concorra a formare, insieme agli altri, una chiesa unita nello Spirito avente Cristo come capo. Lo Spirito dunque viene ad essere il garante dell'unione tra ogni fedele e Cristo, il suo capo.

In tale prospettiva si colloca la riflessione di Taziano sullo Spirito diacono. Taziano, partendo dal pensiero stoico, secondo il quale unico è lo Spirito racchiuso in tutti gli esseri della creazione e quindi anche nell'uomo, afferma che l'anima in se stessa è mortale, votata alla morte, però se è in coppia con lo Spirito non

---

63 E. NORELLI (a cura di), *A Diogneto*, p. 128 n.18.

64 Ed. crit. F. XAVER FUNK-K. BIHLMEYER-M. WHITTAKER, *Die Apostolischen Väter. Griechisch-deutsche Parallelausgabe*, p. 322. Trad. di E. NORELLI, *A Diogneto*, p. 131.

65 E. NORELLI (a cura di), *A Diogneto*, p. 134 n.19. Cfr. anche MELITONE, *Sulla Pasqua* 40-45. Ed. crit. O. Perler, *Méliton de Sardes. Sur la Pâque et fragments*, Paris 1966, pp. 80-84.